Como tirar proveito dos seus inimigos

Dados Internacionais de Catalogação na Publicação (CIP)
(Câmara Brasileira do Livro, SP, Brasil)

Plutarco, ca. 45-ca. 125.
Como tirar proveito dos seus inimigos / Plutarco; tradução de Vinícius Chichurra. – Petrópolis, RJ : Vozes, 2023. – (Coleção Vozes de Bolso)

Título original: Tradução do original em grego
Bibliografia

1ª reimpressão, 2025.

ISBN 978-65-571-3890-8

1. Ética – Obras anteriores a 1800 I. Título. II. Série.

22-138552 CDD-170

Índices para catálogo sistemático:
1. Ética : Filosofia 170

Inajara Pires de Souza – Bibliotecária – CRB PR-001652/O

Plutarco

Como tirar proveito dos seus inimigos

Tradução de Vinícius Chichurra

Vozes de Bolso

Tradução do original em grego intitulado
Πως αν τισ υν´ εξθπων ωφελοιτο

Direitos de publicação em língua portuguesa – Brasil:
2010, Editora Vozes Ltda.
Rua Frei Luís, 100
25689-900 Petrópolis, RJ
www.vozes.com.br
Brasil

Todos os direitos reservados. Nenhuma parte desta obra poderá
ser reproduzida ou transmitida por qualquer forma e/ou quaisquer
meios (eletrônico ou mecânico, incluindo fotocópia e gravação)
ou arquivados em qualquer sistema ou banco de dados sem
permissão escrita da editora.

CONSELHO EDITORIAL

Diretor
Volney J. Berkenbrock

PRODUÇÃO EDITORIAL

Editores
Aline dos Santos Carneiro
Edrian Josué Pasini
Marilac Loraine Oleniki
Welder Lancieri Marchini

Aline L.R. de Barros
Jailson Scota
Marcelo Telles
Mirela de Oliveira
Natália França
Otaviano M. Cunha
Priscilla A.F. Alves
Rafael de Oliveira
Samuel Rezende
Vanessa Luz
Verônica M. Guedes

Conselheiros
Elói Dionísio Piva
Francisco Morás
Gilberto Gonçalves Garcia
Ludovico Garmus
Teobaldo Heidemann

Secretário executivo
Leonardo A.R.T. dos Santos

Editoração: Priscila Pulgrossi Câmara
Diagramação: Sheilandre Desenv. Gráfico
Revisão Gráfica: Heloísa Brown
Capa: Ygor Moretti

ISBN 978-65-5713-890-8

Este livro foi composto e impresso pela Editora Vozes Ltda.

1

[86b] Vejo, meu caro Cornélio Pulquério[1], que você escolheu a forma mais tranquila de vida pública administrativa, na qual você se mostra o mais útil possível aos interesses públicos e, particularmente, o mais agradável com aqueles que [86c] possuem audiência com você. Com efeito, talvez agora seja possível encontrar um país em que não

---

1. Trata-se, provavelmente, do Coronel Cornélio Pulquério, um procurador da Acaia que viveu no período que corresponde já ao final da vida de Plutarco.

haja animais selvagens, como se fala a respeito de Creta, ou seja, um país onde não existiu, até agora, um governo que não expôs aqueles que o exerceram ao ciúme de seus rivais, à inveja e à ambição – fontes mais produtivas de inimizade –; pois nossas próprias amizades, no mínimo, nos envolvem em inimizades. Era isso que o sábio Quílon tinha em mente quando perguntou ao homem que se gabava de não ter inimigo, se também não tinha nenhum amigo. Portanto, parece-me ser dever de um estadista não apenas ter investigado minuciosamente o assunto sobre inimigos em geral, mas também, em sua leitura de Xenofonte[2], ter dado mais do que uma atenção passageira à observação de que é um traço do homem sagaz "obter lucro até mesmo de seus inimigos". Alguns pen-

---

2. *Econômico*, I.15.

samentos, portanto, sobre esse assunto, que recentemente tive ocasião de expressar, reuni praticamente nos mesmos termos, e agora envio a você, com a omissão, na medida do possível, [86d] daquilo que foi escrito em meu *Preceitos Políticos*[3], pois vejo que você costuma, muitas vezes, ter esse tratado entre as mãos.

---

3. Tal obra encontra-se no *Moralia*, 798A - 825F.

2

Os primeiros homens contentavam--se em escapar de serem feridos por seres selvagens e de outras espécies, e esse era o objetivo de suas lutas contra os animais selvagens; mas seus sucessores, aprendendo com eles a como fazer uso desses animais, agora lucram com estes usando sua carne como alimento, seus pelos como roupas, sua bile e colostro como remédio e suas peles como armaduras para si mesmos, de modo que é por uma boa razão temer que, se o suprimento de animais selvagens acabar ao homem, sua vida se torne bestial, desamparada e incivilizada. Portanto, uma vez que evitar sofrer maus tratos nas mãos de seus inimigos é o suficiente [86e] para a maioria das pessoas, e como Xenofonte pensa, e afirma, que os homens de bom-senso tirarão proveito até mesmo daqueles que estão em desacordo com eles, não devemos negar-lhe credibilidade, mas descobrir o método e a arte por meio dos quais essa admirável vantagem deve ser conquistada por aqueles que acham impossível viver sem inimigos.

Não é possível para um agricultor domesticar todas as árvores, nem para um caçador domar todos os animais; logo, eles procuraram outros meios de tirar proveito de cada uma dessas coisas: o agricultor das árvores que não dão frutos e o caçador dos animais selvagens. A água do mar é imprópria para beber e tem gosto ruim, mas os peixes se sustentam nela, além de ser um meio para o envio e transporte de viajantes em todos os lugares. [86f] Um sátiro, ao ver o fogo pela primeira vez, quis beijá-lo e abraçá-lo, mas Prometeu disse: "*Você, bode, lamentará o sumiço de sua barba*"[4], pois o fogo queima quem o toca, mas fornece luz e calor, além de ser um instrumento de todos os ofícios para aqueles que aprenderam a usá-lo. Portanto, apenas observe seu inimigo e veja se, apesar de ser, em muitos aspectos, nocivo e difícil de manejar, ele não lhe oferece, de uma maneira ou de outra, meios de conquistá-lo e usá-lo como ninguém mais, e isso pode ser de grande proveito para você. [87] Muitas

---

4. Trecho presente nos fragmentos da peça trágica "*Prometeu Portador do Fogo*", de Ésquilo. Cf. Nauck, Trag. Graec Frag., n. 207.

coisas são igualmente penosas, odiosas e repulsivas para aqueles que têm de enfrentá-las; no entanto, você observa que alguns converteram suas doenças corporais num tranquilo descanso, e as provações que caíram sobre a sorte de muitos apenas os fortaleceram e treinaram. Alguns também fizeram do banimento e da perda de propriedade um meio de lazer e estudo filosófico, como Diógenes e Crates. Zenon, ao contrário, sabendo que seu navio fretado havia naufragado, disse: *"Muito bem, ó Fortuna, que você nos reconduza ao manto dos filósofos!"*. Enquanto que os animais que possuem o estômago mais forte e mais sadio podem comer e digerir cobras e escorpiões, e há alguns que se alimentam de pedras e [87b] conchas (pois eles transmutam essas coisas por causa do vigor e do calor de seu espírito), as pessoas delicadas e doentias ficam nauseadas se comem pão e vinho. Assim, os tolos estragam até suas amizades, enquanto os sábios são capazes de fazer um uso adequado inclusive de suas inimizades.

3

Em primeiro lugar, então, parece-me que o elemento mais prejudicial da inimizade pode ser mais proveitoso para aqueles que prestam atenção. De que maneira? É que seu inimigo, bem atento, fica constantemente à espreita para tirar vantagem de suas ações, procurando ganhar algum poder sobre você e mantendo uma vigia constante sobre sua vida; não vendo somente [87c] "através dos carvalhos, das pedras e das telhas", como fazia Linceu[5], mas

---

5. Linceu, na mitologia grega, era dotado de poderes de visão sobre-humanos.

através de todos os amigos, servos e conhecidos, na medida do possível, para apanhar de surpresa e desempenhar seus planos, e procura sem fim fazer isso. Muitas vezes não ficamos sabendo, até que seja tarde demais, da doença ou da morte de nossos amigos, dando provas de descuidados e negligentes; mas nossa curiosidade sobre nossos inimigos quase nos leva a bisbilhotar seus sonhos. Doenças, dívidas e desentendimentos conjugais são mais provavelmente desconhecidos das próprias pessoas afetadas do que de seu inimigo. Ele tenta, sobretudo, se apossar de suas falhas e desentocá-las. [87d] Assim como os abutres são atraídos pelo cheiro de corpos em decomposição, mas não têm poder para descobrir aqueles que são limpos e saudáveis, assim as enfermidades, fraquezas e experiências desagradáveis da vida despertam as energias do inimigo, e são coisas como estas que os maldosos atacam, agarram e rasgam em pedaços. Isso é, então, útil? Sim, certamente! Isso obriga a viver com cautela, dar atenção a si mesmo, e não fazer ou dizer nada descuidadamente ou sem consideração, mas sempre manter a vida inatacável, como se estivesse sob um regime severo. [87e] Pois essa maneira cautelosa, que reprime as emoções e mantém o poder de raciocínio dentro dos limites da prática, inspira o propósito em viver uma vida justa e livre de reprovações. Assim como as *pólis,* que são castigadas pela guerra de fronteira e pela contínua campanha, se contentam com a boa ordem e um governo sólido, também as pessoas que foram obrigadas, por causa de inimizades, a praticar uma vida sóbria, a guardar-se contra a indolência e o desprezo e a deixar algum bom propósito a cada ato, são insensivelmente levadas pela força do hábito a não cometer erros e são ordenadas em seu comportamento, mesmo que a razão venha pouco em seu auxílio. Quando os homens têm sempre em mente o pensamento [87f] *Que prazer para Príamo e os filhos de Príamo!*[6], incitam um motivo para regozijo, faz com que eles se voltem, se desviem e abandonem as coisas que dão aos seus inimigos ocasião para regozijo e riso. Além disso, observamos que os artistas das Dionisíacas costumam representar seus papéis nos teatros de forma apática, desanimada e imprecisa quando estão sozinhos; mas quando há competição e rivalidade, então eles aplicam mais atenção não apenas a si mesmos, mas a seus instru-

---

6. Homero, *Ilíada*, I.255. As palavras são dirigidas por Nestor aos líderes gregos, Agamenon e Aquiles, que haviam discutido.

mentos musicais, pegando suas cordas e afinando-as e tocando suas flautas em uma melhor harmonia. Assim, o homem que sabe que seu inimigo é seu concorrente na vida e na reputação é [88a] mais cuidadoso consigo mesmo, mais cauteloso em suas ações, e traz sua vida para uma harmonia mais completa. É uma particularidade do vício que nos sintamos mais envergonhados de nossas falhas diante de nossos inimigos do que diante de nossos amigos. Este é o fundamento da observação de Nasica, quando alguns expressaram sua crença de que o poder dos romanos estava agora seguro, pois Cartago havia sido aniquilada e os aqueus reduzidos à sujeição. *"Pois bem!"*, disse ele, *"Agora nossa posição é realmente perigosa, já que não deixamos para nós rivais que possam inspirar-nos medo ou vergonha."*

4

[88b] Como complemento a isso, tome a declaração de Diógenes, que é completamente digna de um filósofo e estadista: *"Como devo me defender contra meu inimigo?"* *"Provando-me bom e honrado."* Os homens ficam muito angustiados quando veem os cavalos de seus inimigos ganhando fama ou seus cães ganhando elogios. Se veem seu campo bem arado ou seu jardim florido, eles lamentam. Qual seria, em sua opinião, o estado de espírito deles se você se mostrasse um homem honesto,

sensato, um cidadão útil, alguém de grande reputação no falar, íntegro nas ações, decente em sua conduta, "colhendo o sulco profundamente semeado em seu coração, de onde brotam todos os bons conselhos?"[7]. Píndaro diz: "*Os vencidos estão acorrentados a seu silêncio profundo*"[8]; [88c] essa observação não é absoluta nem válida para todos, porém concerne aos que percebem que são superados por seus inimigos em diligência, bondade, grandeza de alma, boas ações e boas obras. Essas são as coisas que, como diz Demóstenes, "paralisam a língua, fecham a boca, sufocam e deixam a pessoa sem nada para dizer"[9].

---

7. Ésquilo, *Sete contra Tebas*, 593.

8. Fragmento 229.

9. *Sobre a falsa embaixada*, 208.

"Seja diferente dos maus, isso
depende de você."[10]

Se você deseja afligir o homem que o odeia, não o insulte como lascivo, efeminado, licencioso, vulgar ou mesquinho, mas comporte-se realmente como um homem, mostre autocontrole, seja sincero e trate com bondade e [88d] justiça aqueles que têm que lidar com você. E se você for levado a injuriar, afaste-se o máximo possível das coisas pelas quais você o atribui. Entre no âmago de sua própria alma, olhe em volta para ver se há alguma podridão lá, para que algum vício espreitando em algum lugar dentro de você sussurre as pala-

---

10. Eurípides, *Orestes*, 251.

vras do poeta trágico: *"Você quer curar os outros, cheio de feridas você mesmo?"[11]*

Se você chama seu inimigo de ignorante, esforce-se para intensificar em você o amor ao aprendizado e ao trabalho; se você o chama de covarde, desperte ainda mais sua autoconfiança e bravura; se você o chama de impuro e licencioso, apague de sua alma qualquer traço de devoção ao prazer que possa estar escondido sem ser percebido. Não há nada mais vergonhoso ou doloroso do que falar maldades que recaem sobre seu autor. Com efeito, a luz refletida parece ser mais problemática em casos de visão fraca, e o mesmo se aplica às censuras que, pela [88e] verdade, são trazidas de volta às próprias

---

11. De uma peça desconhecida de Eurípides. Cf. Nauck, Trag. Graec. Frag., Eurípides, n. 1086.

pessoas que são responsáveis por elas. Assim como o vento do nordeste reúne as nuvens, assim também uma vida má traz injúrias sobre si mesma.

Desde que são expansivos por chama ou ação vaso-dilatadora, essa
as novas teráptica seu por adições
no líquido anestesiante.

5

Sempre que Platão se encontrava na companhia de pessoas cuja conduta era imprópria, ele costumava dizer a si mesmo: *"É possível que eu próprio seja como eles?"* Se o homem que insulta a vida alheia examinar cuidadosamente a sua própria vida e refizer, orientando-a e desviando-a para o caminho oposto, terá ganho algo útil com essa injúria. De outra forma, não apenas dará a impressão de ser inútil e fútil, mas será assim de fato. A maioria das pessoas ri se um homem calvo ou corcunda insulta e zomba dos outros [88f] por estarem nessas condições; mas é totalmente ridículo insultar e zombar de qualquer coisa que dê a outro a oportunidade de uma contrarresposta. Por exemplo, Leão de Bizâncio, sendo insultado por um corcunda a respeito de sua visão fraca, disse-lhe: "*Você me censura com o que pode acontecer a qualquer homem, enquanto você carrega em suas costas a marca da ira divina!*" Portanto, nunca acuse um homem de adúltero quando você mesmo é louco por rapazes jovens, nem um devasso quando você mesmo é mesquinho.

"*Dela, que matou seu cônjuge, você é parente pelo sangue*"[12], disse Alcmeão a Adrasto. O que diz então Adrasto? Ele repreende o orador com um ato ver-

---

12. Da peça *Alcmeão*, de Eurípides. Cf. Nauck, Trag. Graec Frag., Adespota, n. 358.

gonhoso que não é de outro, mas todo seu: [89a] *Mas você mesmo matou aquela que lhe deu à luz.*

Domício diz a Crasso: *"Você não chorou pela morte de uma lampreia que estava sendo mantida por você em um viveiro?"* O outro respondeu: *"Mas não é verdade, por acaso, que você enterrou três esposas e não derramou uma lágrima?"*

O homem que vai se entregar à injúria não precisa ser esperto, barulhento e agressivo, mas deve ser irrepreensível e estar resguardado de toda acusação e censura. A ninguém o poder divino parece ordenar tanto o preceito "conhece-te a ti mesmo", como àquele que pretende censurar outro, para que tais pessoas não possam, dizendo o que querem dizer, ter que ouvir o que lhe desagradam. Para uma pessoa desse tipo, como diz [89b] Sófocles:

*"Balbuciando conversa impensada,
costuma ouvir contra sua vontade
as palavras que manteve com prazer
sobre outro"[13].*

13. Peça desconhecida.

6

Eis, então, o que pode haver de proveitoso e útil nas injúrias feitas a um inimigo; mas não menos proveitoso em sentido contrário: quando se é vítima das injúrias e censuras de inimigos. Por isso, Antístenes estava certo ao dizer que, por uma questão de autopreservação, os homens precisam de amigos verdadeiros ou então de inimigos ardentes; os primeiros nos afastam do mal por suas advertências, e os segundos, por suas censuras, afastam-nos do erro. Mas como a voz da amizade hoje em dia se tornou fina e fraca quando se trata de falar com franqueza, enquanto sua bajulação é volúvel e [89c] silenciosa sua advertência, temos que depender de nossos inimigos para ouvir a verdade. Pois, assim como Télefo, incapaz de encontrar um médico adequado, submeteu seu ferimento à lança de seu inimigo, aqueles que não podem usufruir conselhos favoráveis devem se submeter com paciência às observações de um inimigo malévolo, se ele expuser e repreender seus vícios, e devem considerar apenas os fatos, não o que está na mente do acusador. Outro paralelo é o caso do homem que, com a intenção de matar Prometeu, o Tessálio, feriu com sua espada uma inflamação que Prometeu tinha, abriu a ferida e salvou-lhe a vida, fornecendo alívio de sua inflamação através de sua abertura. Muitas vezes a injúria lançada sobre um homem pela incitação da raiva ou da inimizade [89d] cura algum mal em sua alma, que ou não foi reconhecido ou foi desconsiderado por ele. Mas as pessoas, em sua maior parte, ao serem injuriadas, não param para pensar se a reprovação é aplicável a si mesmas, mas tentam pensar que outra forma de reprovação é aplicável ao acusador e, assim como os lutadores que não limpam a poeira de seus próprios corpos, essas pessoas não limpam as injúrias de si mesmas, mas se difamam umas às outras e, em consequência, são manchadas mutuamente enquanto discutem. É mais razoável que o homem que é mal falado por um inimigo se livre do atributo em questão, do que de uma mancha em suas roupas para a qual sua atenção foi chamada; e se alguém menciona coisas que não são realmente atributos nossos, devemos, no entanto, procurar saber a causa [89e] que deu origem a tais afirmações caluniosas, e devemos exercer vigilância e apreensão em não cometer, involuntariamente, algum erro análogo ou aproximado daquele pelo qual nos censuram. Por exemplo, uma suspeita injustificada de falta de masculinidade foi despertada contra Lacides, rei dos Argivos, devido a sua cabeleira penteada com demasiado cuidado e um andar delicado; e Pompeu sofreu da mesma forma por causa de seu hábito de coçar a cabeça com somente um dedo, embora estivesse muito longe da efeminação e da licenciosidade. Crasso foi acusado de ser muito íntimo de uma das virgens sagradas, quando ele só queria comprar dela um pedaço de boa terra, e por isso teve muitas entrevistas privadas com ela e lhe deu muita atenção. Ainda, o riso fácil de Postúmia [89f] e sua fala exagerada na companhia de homens colocaram-na sob suspeita injusta, a ponto de ser julgada por falta de castidade. Ela foi considerada inocente da acusação, mas em sua absolvição, o grande pontífice Espúrio Minúcio lembrou-lhe de que tinha de ser reservada tanto em seus discursos quanto em sua conduta. Novamente, Pausânias infligiu a Temístocles, que não estava fazendo nada de errado, a suspeita de traição por tratá-lo como amigo e por escrever e enviar mensagens a ele continuamente.

7

Sempre que alguma coisa falsa for dita, você não deve desprezá-la e desconsiderá-la apenas porque é falsa, mas sim examinar [90a] que palavra ou ato seu, qual de suas atividades ou predileções, serviu de pretexto à calúnia, e então seja cuidadoso e a evite. Com efeito, se os outros, vítimas de situações indesejadas, aprendem uma lição útil, assim como ensina Mérope ao dizer que:

"O infortúnio deu-me sabedoria,
é verdade, mas ao preço de seres caros,
objetos de minha ternura"[14].

O que, então, impede um homem de tomar lições gratuitas de seu inimigo, lucrar com isso, e assim aprender, até certo ponto, as coisas das quais ele não tinha conhecimento? Pois há muitas coisas que um inimigo percebe mais rápido do que um amigo (pois *"o amor é cego em relação àquilo que ama"*, como diz Platão[15]), e inerente ao ódio, junto com a curiosidade, [90b] é a incapacidade de segurar a língua. Hieron foi insultado por um de seus inimigos por seu mau hálito; então, quando ele foi para casa, ele disse à sua esposa: *"O que*

---

14. Da peça *Cresfontes*, de Eurípides. Cf. Nauck, Trag. Graec Frag., Euripides, n. 458.

15. Platão, *Leis*, 731E.

significa isto? Nem mesmo você me contou isso." Mas ela, sendo virtuosa e inocente, disse: "*Eu achava que todos os homens cheiravam assim.*" Assim, as coisas que são perceptíveis, materiais e evidentes para todo o mundo podem ser aprendidas mais cedo por meio de nossos inimigos do que nossos amigos e pessoas íntimas.

8

Além disso, o domínio da língua, que não é uma pequena parte da virtude, é algo impossível de manter sempre sob controle e obediente às faculdades da razão, a menos que um homem, por treinamento, prática e diligência, domine a pior de suas emoções, como a raiva, por exemplo. A "voz que escapa involuntariamente", a "palavra que escapou da prisão dos dentes" e "algumas expressões que voam por si mesmas" acontecem geralmente em temperamentos pouco treinados, instáveis e flutuantes, por assim dizer, devido à fraqueza de vontade, opiniões obstinadas e um modo de vida imprudente. A palavra, a coisa mais volátil do mundo, expõe-se, de acordo com o divino Platão[16], aos castigos mais pesados, vindos tanto dos deuses quanto dos [90d] homens. Mas o silêncio jamais, em caso algum, presta contas; não só é um preventivo da sede, como o diz Hipócrates, mas dá, no meio da injúria, um traço digno e socrático, ou melhor, heracliano, se for verdade que Héracles "não se inquietava mais com as calúnias do que com uma mosca."

De fato, não há nada mais belo e nobre do que manter um comportamento calmo quando um inimigo o insulta,

---

16. Platão, *Leis*, 717C e 935A.

*"passando por zombarias
de um homem assim como
os marinheiros passam por
uma rocha escarpada"[17],*

mas muito mais importante é a prática. Se uma vez você adquirir o hábito de suportar em silêncio as injúrias de um inimigo, você suportará muito facilmente o ataque de uma esposa quando ela o insultar, e ouvirá sem desânimo e pacientemente as declarações mais amargas de um amigo ou irmão; e quando você recebe golpes ou objetos no rosto de um pai ou mãe, você não mostrará [90e] nenhum sinal de ressentimento ou ira. Por exemplo, Sócrates suportava Xantipa[18], que era irritável e acrimonio-

---

17. Origem desconhecida.

18. Xenofonte, *Banquete, Apologia de Sócrates*, 2.10.

sa, pois achava que não teria dificuldade em se dar bem com outras pessoas se acostumasse a suportá-la pacientemente. Contudo, é muito melhor fazer esse treinamento dos ataques indecentes, irados, zombeteiros e abusivos de inimigos e estranhos, e assim acostumar o temperamento a ser tranquilo e não se irritar no meio das injúrias.

9

Desta maneira, então, nos é possível mostrar as qualidades de gentileza e tolerância em nossas inimizades, e também franqueza, grandeza de espírito e bondade melhor do que em nossas amizades. Não é tão honroso fazer o bem a um amigo, mas é vergonhoso não o fazer quando ele está em necessidade; até mesmo renunciar a se vingar de um inimigo, quando ocorre uma boa oportunidade, é uma coisa bonita de se fazer. Mas no caso de um homem mostrar compaixão por um inimigo em aflição, ajudá-lo quando estiver em necessidade, e mostrar alguma preocupação e zelo em favor de seus filhos e assuntos domésticos quando eles precisarem, digo que quem não sente afeição por tal homem por causa de sua bondade, ou não elogia sua bondade, [91a] *"tem um coração negro forjado de aço ou de ferro"*[19].

Quando César ordenou para que as estátuas em homenagem a Pompeu, que haviam sido derrubadas, fossem restauradas, Cícero disse a ele: *"Você restaurou as estátuas de Pompeu, mas consolidou as suas"*. Portanto, não deve haver falta de elogio ou devida honra no caso de um inimigo que ganhou merecidamente uma reputação justa; pois tal atitude ganha maior elogio para aqueles que a concedem, e inspira confiança, quando

---

19. Parte do Fragmento 123 de Píndaro.

mais tarde um homem se queixa de que o faz, não porque odeie a pessoa, mas porque desaprova a ação. Mas [91b] o melhor de tudo, e mais vantajoso, é o fato de um homem, adquirindo o hábito de elogiar seus inimigos, afastar-se do sentimento da inveja em relação à boa sorte de seus amigos ou o sucesso de seus parentes, e não sentir dor nem rancor quando eles prosperam. No entanto, que outro processo de treinamento produz maior benefício para nossas almas ou uma melhor disposição, do que aquele que tira de nós todo o nosso ciúme e a nossa propensão à inveja? Assim como muitas das coisas que são necessárias na guerra, mas ruins em outras condições que, uma vez tornadas costumes e tendo força de lei, não podem ser facilmente abolidas pelo povo, mesmo que o povo esteja sendo prejudicado por eles, assim a inimizade introduz a inveja junto com o ódio, e deixa como resíduo o ciúme, a alegria pelos infortúnios dos outros e a vingança. Além disso, trapaças, [91c] enganos e intrigas, que não parecem ruins ou injustas quando empregadas contra um inimigo, se alojam em nossa alma, aí permanecem e são difíceis de expulsar. Os próprios homens empregam tais defeitos contra seus amigos por força do hábito, a menos que estejam atentos para não os usar contra seus inimigos. Se então Pitágoras tinha razão quando, ao tentar acostumar os homens a absterem-se da crueldade e da violência em relação aos animais irracionais – costumava interceder junto aos passarinheiros, comprar pescados e ordenar que os peixes fossem soltos e proibir a matança de qualquer animal domesticado –, é certamente uma conquista mais honrosa [91d] para um homem, em desentendimentos e rivalidades entre os homens, ser um inimigo nobre, honesto e ingênuo, e reprimir e derrubar suas propensões vis, ignóbeis e desonestas, para que nos seus tratos com os amigos seja sempre firme e se abstenha de fazer o mal. Escauro, inimigo de Domício, acusou-o perante a lei. Um servo de Domício veio junto a Escauro, antes do julgamento, alegando ter informações sobre alguns assuntos que escaparam de seu conhecimento, mas Escauro não o deixou falar, e fez o homem ser preso e levado de volta ao seu mestre. Quando Catão processava Murena por práticas políticas corruptas e reunia suas provas, seguiam-no, conforme o hábito da época, homens que observavam o que estava sendo feito. [91e] Muitas vezes lhe perguntavam se ele pretendia naquele dia reunir provas ou fazer algum trabalho no caso, e se ele respondesse "*não*", eles acreditavam nele e iam embora. Nesses fatos pode ser encontrada a maior prova da reputação de Catão; mas é algo maior, e de fato o mais nobre, que, se adquirirmos o hábito de praticar a honestidade ao lidar até mesmo com nossos inimigos, nunca lidaremos desonestamente e maliciosamente com nossos agregados e amigos íntimos.

10

Uma vez que "*em toda cotovia um penacho deve crescer*", como Simônides[20] coloca, e uma vez que toda a natureza humana produz sua safra de discórdia, ciúme e inveja que [91f] "*corteja os visionários*", como diz Píndaro[21], um homem não ganharia muito ao descarregar essas emoções sobre seus inimigos e desviar o curso de tais descargas, por assim dizer, para longe de seus íntimos

---

20. Cf. Bergk, Poet. Lyr. Graec., Simonides, n. 68.

21. Fragmento 212.

e parentes. Este fato, ao que parece, foi compreendido por um estadista de nome Demos: quando se viu do lado vencedor em uma luta cívica em Quios, aconselhou seus associados do partido a não banir todos os seus oponentes, mas deixar alguns para trás, [92a] "*para que*", disse ele, "*não comecemos a brigar com nossos amigos, por nos livrarmos completamente de nossos inimigos*". Assim também, em nosso próprio caso, se nossas emoções desse tipo forem gastas com nossos inimigos, elas causarão menos aborrecimento aos nossos amigos. Pois "um oleiro" não deve "invejar o oleiro", nem "um cantor querer mal a outro cantor", como Hesíodo[22] coloca; nem deve haver qualquer sentimento de rivalidade contra um vizinho ou parente ou irmão que está "conquis-

---

22. *Trabalhos e Dias*, 25 - 27.

tando seu caminho para as riquezas" e encontrando a prosperidade. Mas se não houver outra maneira [92b] de se livrar de conflitos e invejas, acostume- -se a sentir a mordida do ressentimento quando seus inimigos desfrutarem de saúde e felicidade. Erga o dardo de sua amargura de ponta afiada e irregular contra eles. Assim como os jardineiros habilidosos acreditam que melhoram suas rosas e violetas plantando ao lado delas alho e cebola (uma vez que qualquer amargor e mau cheiro que há no alimento das plantas é puxado para os vegetais), assim também seu inimigo, tomando e desviando para si sua malícia e ciúme, tornará você mais gentil e menos desagradável para seus amigos em sua prosperidade. É por esta razão que devemos também nos envolver em rivalidade com nossos inimigos, seja por reputação ou cargo ou ganho honesto de dinheiro, não apenas sentindo a dor do ressentimento se eles tirarem vantagem de nós, mas também [92c] observando cuidadosamente todos os meios pelos quais eles obtêm a vantagem, e tentando superá-los em vigilância, diligência, autocontrole e autocrítica: à semelhança de Temístocles, que dizia que a vitória de Milcíades, em Maratona, não o deixaria dormir. Aquele que acredita ter sido superado por seu inimigo em cargos públicos, em casos de defesa, na administração da *pólis*, ou em sua posição com amigos e líderes, deixa-se afundar em um estado de ciúme e desânimo absolutos, permanece com ele uma inveja que é inerte e ineficaz. Se, no entanto, um homem não é cego em relação ao objeto de seu ódio, mas se torna um observador honesto da vida, do caráter, das palavras e ações do outro, ele descobrirá que a maioria dos sucessos que excitam a inveja dos outros vêm para aqueles que os conquistaram como resultado [92d] de uma conduta cuidadosa, premeditada e justa. Assim, direcionando todas as suas energias nessa direção, ele colocará em prática suas próprias ambições e altas aspirações, e erradicará sua apatia e indolência.

11

Mesmo que nossos inimigos por lisonja, artifícios, suborno ou traição pareçam colher sua recompensa na forma de influência desonrosa e sórdida na corte ou no governo, eles não serão motivo de aborrecimento, mas sim de alegria para nós, quando comparamos nossa própria liberdade e a simplicidade de nossa vida isenta de ataques indecentes. Pois [92e] *"todo o ouro que está sob e sobre a terra não vale tanto quanto a virtude*", como diz Platão[23], e devemos sempre ter em mente estes versos de Sólon:

"Não aceitaremos toda
a riqueza do mundo
em troca de nossa virtude!"

Acrescento: "nem pelas aclamações de espectadores que jantaram às nossas custas, nem honras como assentos dianteiros entre eunucos e concubinas e sátrapas reais"; pois nada é invejável ou [92f] nobre se brota da desonra. Mas como *"o amor é cego em relação àquilo que ama"*, como diz Platão, e são nossos inimigos que, por sua conduta imprópria, nos dão a oportunidade de ver as nossas condutas, não devemos deixar de lado nossa alegria por seus fracassos nem

---

23. Platão, *Leis*, 728A.

nossa tristeza por seus sucessos, pois devem ser empregados para algum propósito. Devemos levar em conta tanto seus fracassos quanto seus sucessos ao estudar como, protegendo-nos de suas perversidades, podemos ser melhores do que eles, rivalizando seus sucessos sem imitar suas maldades.

Veja outros livros do selo *Vozes de Bolso* pelo site

livrariavozes.com.br/colecoes/vozes-de-bolso

Veja outros livros
da selo Vozes de Bolso

Disponíveis nas principais livrarias do país

Conecte-se conosco:

- **f** facebook.com/editoravozes
- ⓞ @editoravozes
- 𝕏 @editora_vozes
- ▶ youtube.com/editoravozes
- ⓦ +55 24 2233-9033

www.vozes.com.br

Conheça nossas lojas:

www.livrariavozes.com.br

Belo Horizonte – Brasília – Campinas – Cuiabá – Curitiba
Fortaleza – Juiz de Fora – Petrópolis – Recife – São Paulo

EDITORA VOZES LTDA.
Rua Frei Luís, 100 – Centro – Cep 25689-900 – Petrópolis, RJ
Tel.: (24) 2233-9000 – E-mail: vendas@vozes.com.br